QUIÉN TRABAJA EN MI VECINDARIO

EL ELECTRICISTA

LIGHTBOX
openlightbox.com

Sara Cucini

LIGHTBOX

Entre a
www.openlightbox.com
e ingrese el código único
de este libro.

CÓDIGO DE ACCESO

LBXB9823

Lightbox es una completa solucióndigital para enseñar y aprender temas curriculares de una manera original e innovadora. Lightbox se basa en las Normas Curriculares Nacionales.

OPTIMIZADO PARA

- ✓ TABLETAS
- ✓ PIZARRAS ELECTRÓNICAS
- ✓ COMPUTADORAS
- ✓ ¡Y MUCHO MÁS!

CARACTERÍSTICAS ESTÁNDAR DE LIGHTBOX

AUDIO Narraciones de alta calidad con sistema de texto a voz

VIDEOS Videoclips de alta definición incorporados

ACTIVIDADES PDFs imprimibles que pueden enviarse por correo electrónico y calificarse

ENLACES WEB Enlaces cuidadosamente seleccionados con recursos seguros para niños

PRESENTACIÓN EN DIAPOSITIVAS Ilustraciones gráficas de los conceptos clave

MAPAS INTERACTIVOS Mapas interactivos e imágenes satelitales aéreas

CUESTIONARIOS Diez preguntas de elección multiple con puntaje automático que se envían por correo electrónico al docente para su evaluación

PALABRAS CLAVE Combinación de los conceptos clave con sus definiciones

RECURSOS SUPLEMENTARIOS

COMPARTE Comparte títulos dentro de tu Sistema de Gestión de Aprendizaje (LMS) o Sistema de Circulación de Bibliotecas

CURRÍCULO Encuentre correlaciones curriculares Nacionales y Estatales.

CITAS Crea referencias bibliográficas siguiendo los estilos de APA, CMOS y MLA

VIDEOS

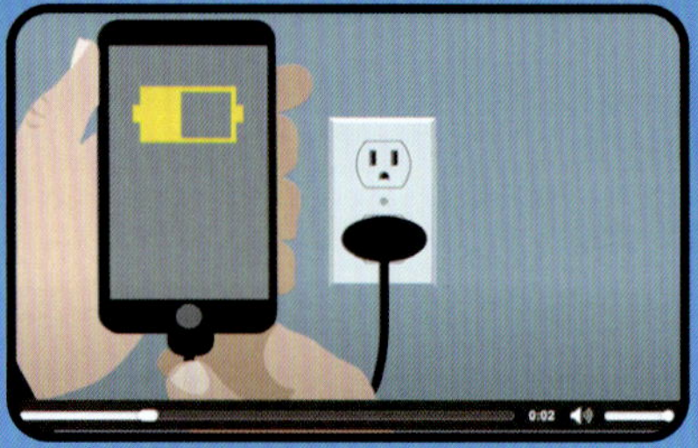

ENLACES WEB

PRESENTACIÓN EN DIAPOSITIVAS

CUESTIONARIOS

Este título está incluido en nuestra suscripción digital de Lightbox

2

Suscripción en español de K–5 por 1 año
ISBN 978-1-5105-5935-6

Accede a cientos de títulos de Lightbox con nuestra suscripción digital.
Regístrate para una prueba **GRATUITA** en **www.openlightbox.com/trial**

Se garantiza que los componentes digitales de este libro estarán activos por al menos cinco años desde la fecha de publicación.

Contenidos

En mi vecindario
hay un electricista.

6

El electricista se asegura de que los edificios tengan electricidad.

La **primera** planta eléctrica del **mundo** se inauguró en la **ciudad de Nueva York**, Nueva York, en **1882** y suministraba electricidad a unos **500** usuarios.

Algunos electricistas instalan cables para armar los sistemas eléctricos de los edificios nuevos.

Los electricistas también pueden arreglar los sistemas eléctricos que no funcionan.

A veces, los electricistas trabajan en los postes y cables eléctricos que están a la intemperie.

Los postes eléctricos pueden medir más de **120 pies (37 metros) de altura.**

Los electricistas usan muchas herramientas. Suelen usar diferentes pinzas para trabajar con los cables.

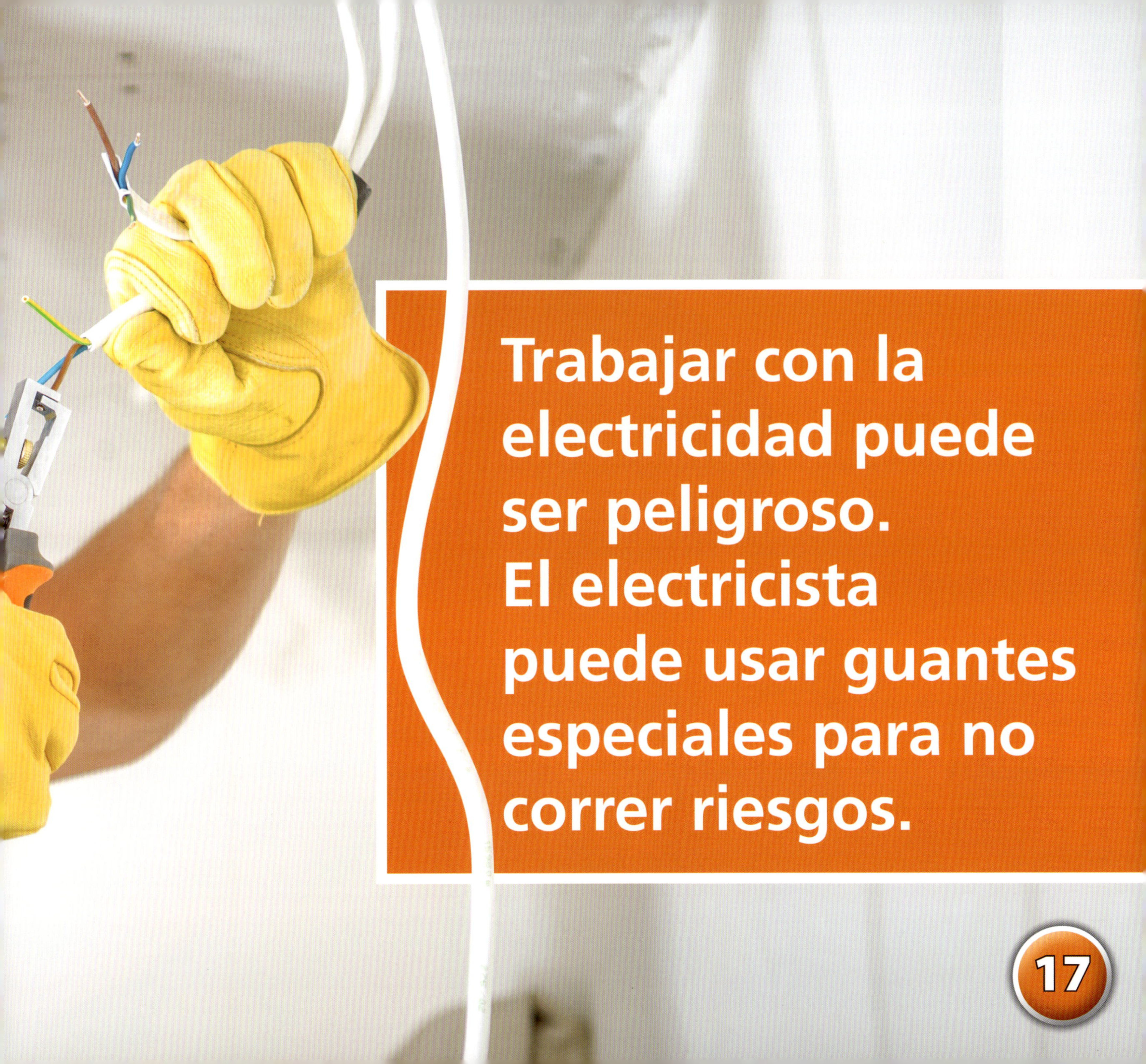

Trabajar con la electricidad puede ser peligroso. El electricista puede usar guantes especiales para no correr riesgos.

Para ser electricista, se necesitan muchas horas de entrenamiento.

En algunos estados, se necesita tener **12 000 horas de entrenamiento práctico** para ser electricista.

Los electricistas son personas importantes de mi vecindario.

En los Estados Unidos trabajan más de **690 000 electricistas**.

Veamos qué has aprendido sobre los electricistas.

Describe lo que ves en cada una de estas imágenes.

Published by Lightbox Learning Inc.
276 5th Avenue, Suite 704 #917
New York, NY 10001
Website: www.openlightbox.com

Library of Congress Control Number: 2024948037

ISBN 978-1-5105-8578-2 (hardcover)
ISBN 978-1-5105-8579-9 (static multi-user eBook)
ISBN 978-1-5105-8581-2 (interactive multi-user eBook)

102024
112024

Printed in Guangzhou, China
1 2 3 4 5 6 7 8 9 0 29 28 27 26 25

Designer: Ana María Vidal
Project Coordinator: Sara Cucini
English/Spanish Translation: Translation Services USA

The publisher acknowledges Getty Images, Shutterstock, and Dreamstime as the primary image suppliers for this title.